SCENE XIII

LES
TROIS BEAUX-FRÈRES,
COMÉDIE EN UN ACTE, MÊLÉE DE COUPLETS,
par MM. Degard et T. Sauvage,

REPRÉSENTÉE, POUR LA PREMIÈRE FOIS, A PARIS, SUR LE THÉATRE DU PALAIS-ROYAL,
LE 16 SEPTEMBRE 1839.

PERSONNAGES.	ACTEURS.	PERSONNAGES.	ACTEURS.
GIRAUD, fabricant de toiles peintes.		SAUTIEU.	M. Achard.
LÉON DE JORSY	M. Lemêsle.	Mme GIRAUD, sœur de Sautieu.	Mme Grassot.
	M. Germain.	THÉRÈSE, sa vieille bonne.	Mlle Moutin.

A Dieppe, chez Mme Giraud

Un petit salon simplement meublé: table et tout ce qu'il faut pour écrire; grande porte au fond, petite porte à gauche de celle-ci. A gauche, une porte conduisant à l'appartement; une fenêtre; à droite, un cabinet *.

SCÈNE PREMIÈRE.
THÉRÈSE, LÉON.

Ils entrent ensemble. Léon, assis à droite près de la table, parcourt des journaux. Thérèse debout près de la fenêtre.

LÉON.

Ta maîtresse tarde bien à rentrer des bains!

THÉRÈSE, regardant par la fenêtre.

C'est vrai, monsieur, je ne la vois pas revenir; c'est singulier, il est dix heures.

LÉON.

Et, si elle veut déjeuner chez elle, aujourd'hui...

THÉRÈSE.

Dam! chez qui donc?... elle ne connaît per-

sonne à Dieppe... personne... que vous... Mais est-ce donc heureux qu'elle soit arrivée ici, pour prendre les bains, tout juste en même temps que son frère, qu'elle croyait encore en Amérique?

LÉON, souriant.

En effet, cela s'est trouvé à merveille.

THÉRÈSE.

Et puis, cette manière de se rencontrer sur le bord de la mer, quelques jours après notre arrivée!... Madame est presque insultée par un petit impertinent, qui faisait l'aimable, avec une paire de moustaches et un cigarre... quelle mode!

* La droite est celle du spectateur; l'acteur aura le premier tour la gauche

LÉON.

Des cigarres!... de ton temps, on n'en avait pas?

THÉRÈSE.

Non, monsieur; on avait des pipes!... c'était plus galant! Bref, madame était toute tremblante, quand vous êtes tombé là, tout juste, comme une bombe, pour prendre sa défense.

LÉON.

Et mettre l'ennemi en fuite!

THÉRÈSE.

J'aurais voulu y être! « Mon frère! ma sœur!... » en voilà un de ces hasards!

LÉON.

Oui, des plus dramatiques.

THÉRÈSE.

Ce n'est pas moi, qui vous aurais reconnu, au moins!... le moyen de deviner que vous étiez ce même jeune homme que je vis partir il y a quinze ans!...

Air : *Vaudeville de Partie et Revanche.*

C'est vous... et pourtant c'est étrange!
Je ne vous croyais pas ainsi;
C'est étonnant comme l'on change...

LÉON, *se levant.*

Oui, je le disais bien aussi.
Toi, que je vis fraîche et vermeille!
Tu devais avoir, en ce cas,
Bien des choses, ma pauvre vieille,
Que je ne te retrouve pas.

THÉRÈSE.

C'est comme vous, qui ressembliez tant à votre pauvre mère... et à présent, rien... rien du tout!

LÉON.

Bah! c'est que tu ne te rappelles pas.

THÉRÈSE.

Et moi, qui disais toujours que je vous reconnaîtrais à l'instant... c'est qu'il me semble encore que je vous vois... (*Le regardant en face.*) Ce n'est plus ça.

LÉON.

Ma sœur a eu plus de mémoire que toi.

THÉRÈSE.

C'est vrai! dam! moi, je ne suis pas de la famille... Mais un frère, une sœur... il y a quelque chose qui les attire l'un vers l'autre!... et madame est si bonne!.. Elle a oublié tout de suite les fredaines, les folies, dont la nouvelle est venue jusqu'en France; car il paraît que là-bas vous étiez mauvais sujet; vous l'êtes peut-être encore?

LÉON.

Maintenant! oh non! je suis bien corrigé!

THÉRÈSE.

Sûr?... eh bien! je vous crois, parce que je vous aime, moi; et puis, vous avez un petit air honnête... vrai, je resterais seule avec vous sans avoir peur!.. Aussi, ça m'a fait de la peine, quand, ce matin, madame m'a dit que vous partiez aujourd'hui même.

LÉON.

Comment?.. elle t'a dit cela?

THÉRÈSE.

Et que, si vous restiez, elle n'y était plus pour vous.

LÉON, *avec dépit.*

Ah! quelle plaisanterie!

THÉRÈSE.

Ce qui ne m'empêche pas de vous laisser attendre ici... Mais quelle idée de nous quitter, de partir avant l'arrivée du mari de madame... de votre beau-frère?

LÉON.

Oui, de mon beau-frère... qui n'arrivera pas de sitôt, peut-être?

THÉRÈSE.

Oh! non!.. Il a coutume d'écrire long-temps d'avance.

LÉON.

A la bonne heure!.. c'est aimable à lui!.. voilà un mari qui sait vivre.

THÉRÈSE.

Oh! monsieur vit très-bien... c'est un mari brusque, bourru, jaloux, toujours criant et grondant... du reste, très gentil!... et puis, il fait de si bonnes affaires dans sa fabrique de toiles peintes!... il est si occupé!... et il faut qu'il le soit, pour avoir laissé venir madame seule à Dieppe. Une jeune et jolie femme!... Dam!... il pourrait lui arriver des choses...

Air : *De sommeiller encore.*

Il est vrai que j'étais près d'elle,
Et monsieur, j'en ai le soupçon,
M'avait placée en sentinelle,
Près de sa femme, pour raison!
LÉON.
Eh! mais, j'approuve sa conduite!
THÉRÈSE.
Oui, l'on veut dire, sans mentir,
Que, pour veill'r les galans en fuite,
Il ne pouvait pas mieux choisir!

SCÈNE II.

LES MÊMES, Mᵐᵉ GIRAUD.

Mᵐᵉ GIRAUD, *entrant et déposant son châle sur son chapeau, sans voir Léon.*

Eh! vite, Thérèse!... vite! un commissionnaire chargé de paquets à mon adresse... vois un peu...

THÉRÈSE.

Tout de suite, madame.

Mᵐᵉ GIRAUD, *voyant Léon.*

Ah! monsieur Léon! (*se retournant vivement du côté de Thérèse qui est sortie.*) Thérèse!...

SCÈNE III.

Mᵐᵉ GIRAUD, LÉON.

LÉON, *la retenant.*

Pourquoi la rappeler! N'avez-vous pas de confiance dans mon respect, dans mon dévouement?

Mᵐᵉ GIRAUD.

Eh quoi, monsieur! malgré ma prière!... quand je devais espérer qu'un prompt départ...

LÉON.

Et avez-vous pu penser que je vous obéirais, que j'aurais le courage de partir sans vous revoir?

Mme GIRAUD.

Ah! monsieur! je croyais que ma position devait vous inspirer quelque intérêt..., et, puisque je n'ai pu empêcher une folie... une ruse qui peut me perdre...

LÉON.

Elle vous a sauvée! .. Rappelez-vous donc, elle était nécessaire! car moi, qui, pour la première fois, quittais ma province et le salon de ma mère, moi, qui, jamais encore, n'étais venu dans ce monde d'oisifs et de méchants, pouvais-je savoir qu'en vous offrant ma protection contre un fat qui vous offensait, j'allais vous compromettre!.. Aussi, quelle fut ma douleur, lorsque, le soir, dans le salon des bains, au moment où je m'approchais de vous, heureux de recueillir de votre bouche l'expression si naïve et si touchante de votre reconnaissance, j'entendis murmurer autour de nous : « C'est un ami... c'est un amant!... »

Mme GIRAUD.

Ah! monsieur!

LÉON.

Ce mot-là vous fit tressaillir, comme à présent..... Que faire?... demander raison de ce nouvel outrage, c'était un nouvel éclat... Aux yeux de tout ce monde vous étiez perdue! ma colère ou mon silence vous livrait également aux propos de cette autre petite ville... Il n'y avait qu'un moyen de nous tirer de là l'un et l'autre... Ah! que je fus bien inspiré! .. Je vous appelai à voix haute : Ma sœur!... ma sœur!... A ce mot, les murmures cessèrent... il parut tout simple, tout naturel que je fusse votre chevalier, votre défenseur... dès lors, plus de propos, plus de suppositions offensantes.

Air de Teniers.

Ce qui vous semble une folie
Était alors un service pour vous ;
Et vous devez, toute la vie,
En conserver un souvenir bien doux !
Oui, vous jurer, sans défiance,
Que votre cœur, jamais, songez-y bien,
N'oubliera sa reconnaissance...
Et c'est moi seul qui m'en souviens!

Mme GIRAUD.

Oh! c'est qu'alors j'ignorais le danger de ce badinage, de cette ruse... et lorsque je m'amusais la première de l'erreur de tous ceux qui m'environnaient.., jusqu'à cette pauvre Thérèse, qui croyait reconnaître mon frère en vous... pouvais-je prévoir que l'homme généreux, prêt à risquer ses jours pour me défendre, me parlerait plus tard un langage que je ne saurais entendre!

LÉON.

Eh quoi! vous pensez encore à ce moment d'oubli, à cet aveu d'un amour que mon cœur avait renfermé si long-temps?. Ah! c'est malgré moi...

Mme GIRAUD.

Vous voyez bien, monsieur, que vous ne pouvez plus venir chez moi comme un frère; j'ai un mari... qui m'aime... oh! qui m'aime beaucoup!...

LÉON.

Eh! c'est sa faute aussi!... Pourquoi n'était-il pas là pour vous défendre?... S'il vous aimait, vous laisserait-il partir ainsi seule!

Mme GIRAUD.

C'est la première fois.

LÉON.

Oh! je sais qu'il ne mérite pas cet amour. .. sans caractère ..

Mme GIRAUD.

Monsieur, j'étais orpheline, sans autre fortune que des espérances assez vagues sur une succession en Amérique, sans autre famille qu'un frère, un fou, qui m'avait quittée pour aller recueillir cet héritage, le dissiper peut-être... M. Giraud, riche manufacturier, m'offrit son cœur et sa fortune, et il fut toujours pour moi le meilleur des maris!... je ne l'ai oublié qu'une fois, et j'en suis bien punie!... Oui, monsieur, j'ai eu tort de ne pas lui apprendre ce qui se passait..., et, maintenant, il est trop tard; je ne puis, je n'ose, il ne me croirait plus!... Oh! partez! je vous en prie, partez!... ce qui est un secret aujourd'hui, n'en sera plus un demain peut-être... et si l'on découvrait...

LÉON.

Quoi donc?... N'avez-vous pas ce frère, ce mauvais sujet.., dont vous parliez tout-à-l'heure? Eh bien! le voilà de retour d'Amérique; et, quand il le faudra, il aura disparu... d'ailleurs..

Air du Baiser au porteur.

Que craignez-vous?.. que peut-on dire
Si votre cœur toujours, hélas!
Se ferme à l'amour qu'il inspire?

Mme GIRAUD.

Monsieur, on ne le croirait pas!

LÉON.

Vous avez donc tort, en ce cas!
Convenez-en, au fond de l'âme,
Car l'amour, vous le voyez bien,
Perd trop à vos rigueurs, madame,
Et la vertu n'y gagne rien!
Oui, l'amour y perd trop, madame,
Et la vertu n'y gagne rien!

Mme GIRAUD, vivement.

Et voilà ce que je ne puis entendre!.. Partez, monsieur, partez!

SCÈNE III.

LES MÊMES, THÉRÈSE.

THÉRÈSE, entrant précipitamment.

Madame!... madame!...

Mme GIRAUD, s'éloignant de LÉON.

Ciel!

LÉON.

Qu'est-ce donc, ma bonne Thérèse!

* Mme Giraud, Thérèse, Léon.

THÉRÈSE.

Eh bien! ce commissionnaire, ces paquets, c'était lui!

LÉON.

Comment?

Mme GIRAUD.

Que veux-tu dire?

THÉRÈSE.

Qu'au lieu de deux couverts pour le déjeuner, je viens d'en faire mettre trois... puisqu'il est là, puisqu'il est arrivé!

Mme GIRAUD.

Qui donc?

THÉRÈSE.

Monsieur!...

Mme GIRAUD.

Mon mari?

LÉON.

M. Giraud!

THÉRÈSE.

Je lui ai dit que votre frère était avec vous.

Mme GIRAUD et LÉON.

Comment, tu lui as dit...

THÉRÈSE.

Oui, oui, madame.

LÉON, à part.

Diable! diable!

_____

SCÈNE IV.

Les Mêmes, GIRAUD*.

GIRAUD.

Où donc est-elle, ma femme?... Eh bien, sacrebleu!... tu ne viens pas, tu n'accours pas?... (Il s'embrasse et aperçoit Léon.) Ah! monsieur...

LÉON, saluant.

Monsieur... (A part.) Ma foi, je ne sais que lui dire.

THÉRÈSE.

C'est lui, M. Saulieu!

Elle sort un peu après.

GIRAUD.

Eh oui, parbleu, je le sais bien!... Bonjour, mon cher beau-frère, bonjour... ma présence vous bouleverse... Oh! je sais que la position est un peu scabreuse.

Mme GIRAUD, à part.

Je me meurs!

LÉON.

Ah! vous savez...

GIRAUD.

J'ai reçu votre lettre, et mieux que ça... Mais vous avez été diablement vite en route!... je vous croyais encore au Havre.

LÉON, troublé.

Ah! vous me croyiez encore... En effet... (A part.) Je n'y suis plus du tout!

Mme Giraud, Thérèse au 2e plan, Giraud, Léon.

Mme GIRAUD, à part.

Que veut-il dire?

GIRAUD.

Eh bien, est-ce que vous ne deviez pas attendre, là-bas, la réponse de votre sœur à la lettre soignée que vous lui avez griffonnée en débarquant?

Mme GIRAUD.

Ah! mon frère?...

LÉON, à part.

Il paraît que je suis débarqué...

GIRAUD.

Et que j'ai ouverte... Mais vous ne lui disiez pas tout..., et mon correspondant du Havre m'a donné, sur votre arrivée, des renseignements, qui sont beaux! et qui m'ont fait quitter un peu brusquement ma fabrique de toiles peintes... Nous en causerons...

LÉON.

Monsieur, certainement..

Mme GIRAUD, à part.

Mais il saura tout!

GIRAUD.

Plus tard: après déjeuner, car je meurs de faim. (A Mme Giraud.) Viens-tu, ma chère? (Bas.) Je ne le croyais pas si gentil que ça!... Eh bien! eh bien!... ne tremble donc pas ainsi... c'est ton frère... et je lui pardonne tout, excepté, pourtant, ce qui est trop fort de café. (Bas à Léon.) Dites donc, mauvais sujet, vous ne l'avez pas amenée avec vous? (Léon le regarde avec surprise.) Vous ne l'avez pas amenée?...

LÉON.

Monsieur...

Mme GIRAUD, à part.

Qui donc?

GIRAUD.

Elle!... elle!.. on dirait que je parle hébreu.. elle!...

LÉON, sans comprendre.

Elle!... non, non..

GIRAUD.

A la bonne heure!... Mais, c'est égal, mon correspondant a eu tort de vous dire que votre sœur était à Dieppe.

LÉON.

Ah! vous croyez qu'il a eu tort?

THÉRÈSE, rentrant*.

Le déjeuner est servi.

GIRAUD.

M. Saulieu est des nôtres?

LÉON.

Merci!... merci!... j'ai déjeuné

GIRAUD.

Ailleurs qu'ici?... (A sa femme.) Tu lui as donné de l'argent!

LÉON.

Hein?

Mme GIRAUD, vivement.

Moi?

Mme Giraud, Giraud, Léon, Thérèse.

THÉRÈSE.

Vous avez fait connaissance tous les deux...
vous devez être contents... un beau-frère!...

GIRAUD.

Oui, oui... désolé que nos relations de famille
commencent d'une manière aussi aimable!

Air : *Valse de Robin des Bois.*

Mais, dans ce salon, tout-à-l'heure,
Pour vous parler, je reviendrai.

THÉRÈSE.

Ah! chez nous, il est à demeure.

Mme GIRAUD, à part.

Ciel!...

LÉON.

Monsieur...

GIRAUD.

Je vous reverrai!

ENSEMBLE.

LÉON.

Mais s'il faut qu'ici je demeure,
Bientôt je la compromettrai;
Non, non, je sortirai tout-à-l'heure
En partant, je la sauverai.

GIRAUD.

Oui, dans ce salon qu'il demeure.

A part.

Il n'a pas l'air trop rassuré.

Haut.

Veuillez m'attendre, et tout-à-l'heure,
Pour vous parler, je reviendrai.

THÉRÈSE.

Ils sont d'accord, à la bonne heure!
Mon cœur déjà est enivré!
Avec nous enfin il demeure,
Et chaque jour je le verrai!

Mme GIRAUD.

Près de moi l'on veut qu'il demeure;
Dieu! je ne le souffrirai!...
Ah! qu'il s'éloigne tout-à-l'heure,
Ou moi-même je partirai.

Giraud sort en donnant le bras à sa femme, qu'il jette un regard vers Léon.

SCÈNE VI.

LÉON, THÉRÈSE.

LÉON.

C'est jouer de malheur!... un mari, qui a la
bonne habitude de s'annoncer d'avance, et qui
tombe ici comme un accident...

THÉRÈSE qui allait sortir, le regardant.

Eh! mais, monsieur, on dirait qu'il y a quelque
mystère?

LÉON.

Eh! oui, oui, certainement! (*Se promenant avec
agitation.*) Et ce frère, qui est arrivé, à ce qu'il
paraît!... il prend bien son temps!... Et moi!...
que faire?... Disparaître!... je ne le puis, sans la
perdre!... rester... son trouble nous trahirait!...

THÉRÈSE, réfléchissant.

Comme madame était pâle!... Et vous-même,
monsieur...

LÉON, se promenant.

Oui... oui... j'étais là, muet, immobile, pris
comme un sot enfin!... Quand on n'a pas l'habitude des situations compliquées, se trouver jeté
dans une intrigue!... c'est ma première!... Tout
dire au mari, cela ne se peut pas; il se croirait...

THÉRÈSE.

Quoi donc?

LÉON.

Ah! Thérèse, écoute; tu remettras à ta maîtresse, en secret, en grand secret...

THÉRÈSE.

Ah! mon Dieu! comme vous dites cela!...
vous me faites peur!

LÉON.

Chut!... ne parle pas si haut... c'est un billet... oui, un signe d'elle, et je pars ou je reste.

Il se place à la table à droite et écrit.

THÉRÈSE.

Il paraît qu'il a appris sur vous des choses...

LÉON, lui remettant un billet.

Tiens, je reviendrai dans un moment, je cours
tout préparer pour mon départ... si elle l'or-
donne.

THÉRÈSE.

Votre départ?

LÉON.

Va, va!... prends bien garde, surtout, que le
mari ne te voie!

THÉRÈSE.

Qu'est-ce que ça fait... de la part d'un frère!...

LÉON.

Ah! bien oui, un frère!... il s'agit bien de
cela, à présent!

THÉRÈSE, étonnée.

Hein! plaît-il?

LÉON.

Silence!... je ne veux pas que M. Giraud me
trouve ici... Avec ses questions, ses reproches,
ses menaces, je ne suis pas sûr de garder mon
sang-froid!

THÉRÈSE.

Ah ça! monsieur, expliquez-moi donc... ce
billet à madame?...

LÉON.

Oui, Oh! tu peux le voir, elle dira tout. Sois
discrète, et, surtout, répète-lui bien que j'attends
ses ordres, et que, s'il le faut, je suis prêt à
mourir pour la défendre!... (*Il s'éloigne précipitamment et heurte Saulieu qui entre.*) Ah!
pardon, je ne vous voyais pas!

Il disparaît.

SCÈNE VII.

THÉRÈSE, SAULIEU.

SAULIEU, un cigarre à la bouche.

Merci! il n'y a pas de mal; au contraire.

* Saulieu, Thérèse.

THÉRÈSE.

Tiens! qu'est ce que c'est que celui-là?

SAULIEU.

Bonjour, la vieille.

THÉRÈSE.

La vieille!... permettez, je ne connais pas...

SAULIEU.

C'est possible... ni moi... passé trente ans, je n'y tiens plus

THÉRÈSE.

Eh! mais, il n'est pas galant!... ôtez donc votre cigarre, on ne fume pas ici!...

SAULIEU.

Tant pis pour vous!... vous vous privez, bonnes gens!... Voyons, la vieille, nous disons que c'est ici que demeure, pour le quart d'heure, une jolie femme, madame Giraud?...

THÉRÈSE.

Oui; après?

SAULIEU.

Après!... Tiens! cette question!... je veux la voir.

THÉRÈSE.

Elle est à déjeuner.

SAULIEU.

Raison de plus, ne dérangez personne, ça me va.

Air de Prjaïlie.

J'aime à trouver à table un ami, franc buveur,
Quand je lui rends visite;
Car il faut qu'il m'invite!...
Déjeuner ou dîner, le meilleur, bon cœur,
Sans façon hypocrite,
Devant un gai repas, moi, jamais je n'hésite.
J'arrive, quel apprêt!
Et surtout, qu'il fume!
On suspend la bataille;
« Placez-vous à ce bout...
« Que voulez-vous?... » De tout!
Pâté, jambon, et fruit, poisson, gibier, volaille!...

Guillaume, du bordeaux!... du champagne!... une tasse de café à monsieur; un verre de rhum à monsieur... comment donc!... et derechef, et en réitérant!...

J'aime à trouver à table, etc.

Allons, la vieille, annoncez-moi.

THÉRÈSE.

La vieille!... Je vais vous annoncer à M. Giraud.

SAULIEU.

Hein?... le fabricant!... Il est ici?

THÉRÈSE.

Il vient d'arriver.

SAULIEU.

Ah! diable!

THÉRÈSE, *à part.*

On dirait que ça le contrarie!... il me fait peur cet homme-là!

SAULIEU.

Le mari!... ça me chiffonne un peu... j'aurais mieux aimé trouver la petite toute seule, parce que... Mais bah!... à la guerre comme à la guerre... je suis bon cheval de trompette... Annoncez-moi tout de même, la vieille.

THÉRÈSE, *avec impatience.*

Mais je ne m'appelle pas la vieille, entendez-vous?

SAULIEU, *riant.*

Tiens! c'est étonnant! Excusez, je ne voyais pas le physique.

THÉRÈSE.

Je m'appelle Thérèse!

SAULIEU, *changeant de ton.*

Hein! Thérèse!... il se pourrait!

THÉRÈSE.

Eh bien, quoi donc?

SAULIEU.

Cette bonne Thérèse, qui nous a élevés chez ma mère!...

THÉRÈSE.

Votre mère!...

SAULIEU.

Thérèse!... oui, oui!... ses grands yeux, son petit menton, sa voix fêlée.... c'est bien ça!

THÉRÈSE.

Mais, monsieur, je ne vous reconnais pas.

SAULIEU.

Dam! il y a si long-temps!

THÉRÈSE, *le regardant avec attention.*

Eh! mais, attendez donc!...

SAULIEU.

Et puis, cette gueuse d'Amérique... ça m'a changé.

THÉRÈSE.

Ah! mon Dieu!... mais non, non!... c'est impossible!

SAULIEU.

Comment! tu n'y es pas?

THÉRÈSE.

Vous... vous!

SAULIEU.

Benoît Saulieu!

THÉRÈSE, *poussant un cri d'effroi.*

Ah!...

SAULIEU, *la soutenant.*

Qu'est-ce que tu as? Tu te trouves mal de joie, de plaisir!

THÉRÈSE.

Mais l'autre, l'autre?

SAULIEU.

Qui ça, l'autre?

THÉRÈSE.

Et pourtant... Oh! l'on me trompait!... Oui, oui, voilà ses traits, ceux de sa mère... je disais bien!... Oh! c'est vous!... c'est vous!...

Elle lui saute au cou.

SAULIEU.

Tiens! si c'est moi!... prends donc garde!... ce n'est pas une raison pour m'étrangler!

THÉRÈSE, *dans ses bras.*

Ah! pouah!... il infecte le tabac!... Mais l'autre, qui s'en va!...

SAULIEU.

Qui? ce monsieur qui est sorti!... c'est peut-
être le mari de ma sœur. Hein? ce que c'est que
de ne pas connaître sa famille! un peu plus, je lui
cassais la tête, en entrant. Drôle de manière de
faire connaissance!

THÉRÈSE.

Et madame... madame!... elle que je croyais
si sage!

SAULIEU.

Ma sœur!

THÉRÈSE, à part.

Ce n'était pas son frère!... Ils m'ont trompée
tous les deux... et moi qui étais assez bonne...
(Elle ouvre vivement le billet de Léon; lisant.)
« Léon de Jorsy. »

SAULIEU.

De Jorsy!... Qu'est-ce que c'est que ça?

THÉRÈSE.

J'entends M. Giraud!

SAULIEU.

Mon beau-frère! je cours...

THÉRÈSE, le retenant.

Eh non! s'il vous connaît, si vous vous nommez,
madame est perdue!

SAULIEU.

Ah! bah!

THÉRÈSE.

Et moi donc, en qui monsieur avait toute confiance... il nous tuerait!

SAULIEU.

Un togographe... bien!... Mais explique-moi
donc?

THÉRÈSE, montant au fond.

Oui, plus tard... mais ne dites mot!

SAULIEU.

Ne dites mot, ne dites mot!... mais il faut que
je lui parle, à ma sœur aussi!... Que diable!... je
n'ai pas le sou!... Avec ça que j'ai laissé le sentiment à l'auberge, et il faut qu'il vive le sentiment!

THÉRÈSE, revenant.

Chut!

SAULIEU.

Quoi?

THÉRÈSE.

Songez à votre sœur!... (Indiquant le cigarre.)
Et êtes donc ça!...

Saulieu le jette à terre.

SCÈNE VIII.

LES MÊMES, GIRAUD[**].

GIRAUD.

Thérèse!...

THÉRÈSE.

Monsieur... (Bas à Saulieu.) C'est lui!

[*] Thérèse, Saulieu.
[**] Saulieu, Thérèse, Giraud.

SAULIEU, à part.

Il paraît que c'est le particulier.

GIRAUD, à Thérèse.

Allez, ma femme vous demande.

THÉRÈSE, bas à Saulieu.

Votre beau-frère.

SAULIEU.

Beau! ça, non!

GIRAUD.

Mais je croyais retrouver ici le frère de ma
femme.

SAULIEU, s'avançant.

Monsieur... (À part.) Il a l'air étoffé, le parent!

GIRAUD.

Monsieur, je n'ai pas l'honneur...

THÉRÈSE, qui sortait lentement, revenant.

C'est un ancien ami de la famille de madame...
qui demandait...

GIRAUD.

Son frère, M. Saulieu peut-être?

SAULIEU.

Hein? je demande M. Saulieu, moi?

THÉRÈSE.

Il demande madame... vous.

SAULIEU, voulant se donner de l'aplomb.

Oui, oui, monsieur... me trouvant à Dieppe,
par hasard... ayant appris que madame votre
épouse... et vous-même... j'ai pris la liberté... ça se
fait, à la campagne, entre amis... (À part.) Sapristi!
je dois avoir l'air bête!

GIRAUD, à part.

Qu'est-ce que c'est que cet olibrius-là? (Haut.)
Le nom de monsieur?

SAULIEU.

Mon nom? Monsieur me fait l'honneur de...

THÉRÈSE, vivement.

Léon... il s'appelle Léon de Jorsy.

SAULIEU.

Léon... (Thérèse lui fait signe.) Oui, oui... je
m'appelle Léon de Jorsy.

THÉRÈSE[*].

Au fait, puisque l'autre a pris son nom, à charge
de revanche.

GIRAUD.

Eh bien, Thérèse, que faites-vous là?

THÉRÈSE.

J'y vais, monsieur. (Bas à Saulieu.) Je vais pré-
venir madame votre sœur... jouez serré.

Elle sort par la gauche.

SCÈNE IX.

GIRAUD, SAULIEU[**].

SAULIEU, à part.

Jouons serré! Si je sais ce que ça veut dire, je
veux bien subir le supplice des musulmans!

GIRAUD, redescendant.

Monsieur... Léon... (Saulieu regarde autour de
lui.) Monsieur...

[*] Thérèse, Saulieu, Giraud.
[**] Saulieu, Giraud.

SAULIEU.

Ah!... (A part.) C'est juste!

GIRAUD.

Vous êtes un ancien ami de la famille ?...

SAULIEU.

Un peu !

GIRAUD.

Vous devez connaître mon beau-frère Saulieu.

SAULIEU.

Beaucoup !

GIRAUD.

Eh bien, alors vous pouvez me donner un coup d'épaule.

SAULIEU.

Un coup d'épaule... (A part.) Un coup de pied, un coup de poing, tout ce qu'il voudra.

GIRAUD.

Franchement, c'est un mauvais sujet.

SAULIEU, se fâchant.

Monsieur !...(A part, se remettant.) Je vais entendre mon éloge.

GIRAUD.

L'expression vous paraît un peu rude?

SAULIEU.

Vous pourriez même dire un peu verte... Mais bah ! j'en ai bien entendu d'autres, ma foi !

GIRAUD.

Je vois que vous le connaissez bien.

SAULIEU, vivement.

Si je le connais !...(Se reprenant.) C'est-à-dire, jusqu'à présent, je m'en étais flatté... mais il paraît... car enfin... j'étais si jeune moi-même... vous comprenez ?...

GIRAUD.

Oui, parfaitement !

SAULIEU, à part.

Il est bien heureux !... Moi, je patauge d'une manière remarquable.

GIRAUD.

Il y a si long-temps qu'on l'a perdu de vue !... mais puisqu'il est ici...

SAULIEU.

Ah! vous savez qu'il est ici?

GIRAUD.

Sans doute, je viens de le voir.

SAULIEU.

Ah! vous venez de le... (A part.) Il est fort celui-là, par exemple !

GIRAUD.

Un peu avant votre arrivée.

SAULIEU.

Il était arrivé avant moi!... (A part.) Ça devient noir, noir, bouteille à l'encre !

GIRAUD.

Je l'ai trouvé auprès de ma femme.

SAULIEU.

Auprès de votre femme ?

GIRAUD.

De sa sœur.

SAULIEU.

Ah! oui, oui... de ma... de sa sœur... Il était auprès d'elle ?... avec elle ?... seul?

GIRAUD.

Eh bien, parbleu ! c'est assez naturel !

SAULIEU.

Naturel! certainement! (A part.) Diable! diable! voilà qui s'éclaircit furieusement!

GIRAUD.

Il a paru confus, embarrassé...

SAULIEU, à part.

Je le crois fichtre bien !

GIRAUD.

Sa sœur elle-même m'en parlait encore tout-à-l'heure avec une émotion...

SAULIEU, à part.

Il paraît que nous en faisons de belles dans la famille !

GIRAUD.

Elle a tort; car enfin, je ne la rends pas responsable de ce qui s'est passé... ce n'est pas sa faute à cette femme !

SAULIEU.

Au fait, ce n'est pas sa faute à cette... (A part.) Il a une bonne tête, l'industriel!... (Haut.) Et, dites-moi, ce monsieur, qui est arrivé avant moi... votre beau-frère enfin, il est jeune?

GIRAUD.

Dam! vingt-trois, vingt-quatre ans... vous savez bien, parbleu !

SAULIEU.

Oui, je sais bien, parbleu! Et joli garçon?

GIRAUD.

Mais, entre nous, pas trop mal... et ce qui m'étonne, il a même l'air assez distingué.

SAULIEU.

Tiens! pourquoi pas? et ça vous étonne?

GIRAUD.

Il y a de quoi !... Ma femme et lui avaient un oncle en Amérique; il mourut leur laissant une succession assez embarrassée, ce qui décida ce mauvais garnement à passer l'Océan pour diriger lui-même cette affaire.

SAULIEU, à part.

Bon! il va me conter mon histoire.

GIRAUD.

Ce fut un bon débarras pour la famille !

SAULIEU, à part.

Merci, toile peinte !

GIRAUD.

Il paraît que déjà il ne valait pas grand'chose! C'était avant mon mariage, je ne le connaissais pas... Eh bien! à New-York, ça n'a fait que croître et embellir... plutôt que de s'occuper de cette succession en litige... il se jeta dans des folies, dans des extravagances, à le faire mettre aux Petites-Maisons!

SAULIEU.

Voyez-vous ça, le gaillard !

GIRAUD.

Dépensant à pleines mains l'or qu'il empruntait sur la succession... étalant partout un luxe d'ambassadeur extraordinaire... ce qu'il gagnait au jeu, le perdant avec les femmes...

SAULIEU, *gaiment.*

Le fait est qu'il allait joliment !

GIRARD.

Vous dites ?...

SAULIEU, *sévèrement.*

C'est mal ! c'est très-mal !

GIRARD.

Voir : *il y avait long-temps, j'aurais été*
Enfin, un jour, amoureux d'une femme,
Il blesse, en duel, le mari !

SAULIEU, *s'efforçant d'être sérieux.*

Le drôle...

GIRARD.

Ensuite il enlève la dame !

SAULIEU, *de même.*

Le polisson !...

GIRARD.

Mieux, poursuit,
Pour s'enfuir, il passe en Angleterre !
Vous voyez, je sais tout !...

SAULIEU.

Eh ! oui !...

A part.

Mais sur ce point, il a beau faire,
J'en sais encor plus long que lui !

GIRARD.

C'est ainsi qu'il a débarqué en France, avec
l'Américaine, sans doute... comptant sur moi
pour payer ses folies !

SAULIEU, *s'oubliant et lui frappant sur le ventre.*

Oui, sur les écus du beau-frère !

GIRARD.

Plaît-il ?

SAULIEU, *changeant de ton.*

C'est d'une impudence !

GIRARD.

Et, à son arrivée au Havre, savez-vous ce qu'il
a fait ?

SAULIEU.

Qu'est-ce qu'il a fait ?

GIRARD.

Il a tiré sur moi une lettre de change !

SAULIEU, *vivement.*

Que vous avez payée ?

GIRARD.

Pas du tout !

SAULIEU.

Vous avez eu tort !

GIRARD.

Comment, j'ai eu tort !

SAULIEU, *se reprenant.*

C'est-à-dire que vous n'avez pas eu raison.....
parce qu'enfin, un beau-frère... c'est un beau-
frère... et pour l'honneur de la famille...

GIRARD.

Pour l'honneur de la famille, je veux le renvoyer en Amérique.

SAULIEU.

Bah ! vous croyez qu'il y retournera ?

GIRARD.

Il le faudra bien : je ne me soucie pas d'avoir
ici un mauvais sujet que ma femme voudra sou-
tenir.

SAULIEU.

Ah ! c'est donc une bonne femme ?...

GIRARD.

Et qui passerait sa vie à nous faire des dettes,
jusque sous les verroux de Sainte-Pélagie !

SAULIEU.

Il en est capable, le chenapan !

GIRARD.

Enfin, je compte sur vous pour le décider a...
vous concevez ?...

SAULIEU, *souriant.*

Ah ! vous voulez le renvoyer en Amérique... à
ce mari qu'il a blessé... qui attend peut-être sa
femme...

GIRARD.

Allons donc !... croyez-vous qu'il y tienne ?...
un mari outragé ne doit plus avoir pour sa femme
que du mépris !

SAULIEU, *l'observant, à part.*

Ah ! diable ! (*Haut.*) C'est votre façon de penser ?

GIRARD.

Moi, monsieur, en pareil cas, je serais inexo-
rable !

SAULIEU, *effrayé.*

Vrai ! (*A part.*) Ah ça ! c'est un boule-dogue !
et ma pauvre sœur !...

GIRARD, *apercevant Léon qui entre.*

Ah ! monsieur Saulieu...

SAULIEU, *s'oubliant.*

Hein ?... plaît-il ?

SCÈNE X.

LES MÊMES, LÉON.

LÉON, *les apercevant.*

Ciel !

GIRARD.

Approchez, monsieur, approchez... (*A Saulieu.*)
C'est lui !

SAULIEU.

Ah ! oui, monsieur Saulieu... (*A part.*) C'est
bien cela : joli garçon, et l'air en dessous... c'est
un amoureux !

LÉON.

Pardon ! c'est que je ne voudrais pas vous dé-
ranger, je cherchais...

GIRARD.

Votre sœur ?...

LÉON, *allant pour sortir.*

Mais... oui...

SAULIEU, *vivement.*

Restez, restez ici !...

Léon le regarde avec surprise.

GIRARD.

Monsieur est un ami de votre famille, qui vous
a connu enfant.

LÉON.

Monsieur !... (*A part.*) C'est fait de moi !

SAULIEU.

Et je vous reconnais parfaitement!

LÉON, étonné.

Ah!

GIRAUD, à Léon, lui présentant Saulieu.

Monsieur Léon de Jorsy.

LÉON.

Comment... monsieur serait...?

GIRAUD.

Aîné de la famille de l'Apothicaire. Qui peut vous étonner ainsi?...

SAULIEU, à part.

Il ne sait pas le stratagème.

LÉON.

Ah! c'est lui... monsieur de Jorsy!...

SAULIEU.

Oui, monsieur Saulieu, c'est moi-même.

LÉON.

Ah! monsieur...

GIRAUD.

Eh! mais qu'a-t-il donc?...

SAULIEU.

Nous avons nos droits l'un et l'autre; moi, monsieur, je porte mon nom, comme vous, vous portez le vôtre.

GIRAUD.

C'est tout simple.

SAULIEU, à Giraud.

N'est-ce pas?

LÉON.

Sans doute, tout simple. (A part.) Il a l'air d'être au fait.

SAULIEU, à Giraud.

Hein? a-t-il l'air capon?

GIRAUD.

Monsieur mon beau-frère, quand vous êtes entré, nous nous occupions de vous.

LÉON.

Je vous remercie, monsieur... mon cher beau-frère.

SAULIEU.

Ah! il n'y a pas de quoi!... monsieur le toile peinte... c'est-à-dire monsieur le fabricant me parlait de ses intentions, dont je vais vous faire part. (Bas à Giraud.) Laissez-nous tous les deux.

GIRAUD, bas à Saulieu.

Bien! j'aime mieux ça! (A Léon.) Je vous laisse avec monsieur... je serai plus sûr de moi quand je n'y serai pas... l'explication pourrait bien commencer par des gros mots.

LÉON.

Monsieur!

SAULIEU.

Allons, allons, ça me regarde! (Bas à Giraud.) Filez donc!

GIRAUD.

M. Léon vous dira ce que j'attends de vous; je vais jusqu'à la poste, à deux pas... et j'espère qu'à mon retour je vous trouverai tout disposé à faire ce que je désire... ce que je veux.

SAULIEU.

Est-il bavard!... allez donc!

* Giraud, Saulieu, Léon.

GIRAUD, bas à Saulieu, en sortant.

Mais c'est qu'il n'a pas l'air d'un mauvais sujet.

SAULIEU, qui l'accompagne jusqu'à la porte, bas.

C'est un hypocrite!

GIRAUD.

C'est encore pis!

SAULIEU.

Parbleu!

SCÈNE XI.

LÉON, SAULIEU.

LÉON, à part.

Mais cet inconnu... (Haut à Saulieu.) Ah çà! qu'est-ce que cela veut dire?

SAULIEU.

Ce que cela veut dire!... vous allez le savoir, mon garçon!

LÉON.

Permettez, monsieur...

SAULIEU.

Non, non, je ne permets rien... Assez causé comme ça!... Ah! vous êtes M. Saulieu, vous? le frère de Mme Giraud?... seul avec elle!... en l'absence du mari!...

LÉON.

Ah! silence, de grâce!... Et de quel droit, monsieur, vous mêlez-vous...?

SAULIEU.

Tiens! il est gentil celui-là!... mais du droit d'un homme que vous avez volé!...

LÉON.

Monsieur...

SAULIEU.

Volé comme dans un bois!... je n'ai pas le sou... j'ai tout mangé, il ne me reste plus que mon nom, et vous me le prenez!

LÉON.

Votre nom?

SAULIEU.

Ce n'est pas grand'chose, je le veux bien!... et il y a des endroits où vous seriez bien attrapé!... mais ici, c'est pour vous glisser près de ma sœur, pour la séduire!...

LÉON.

Grand Dieu!... votre sœur!... vous seriez...?

SAULIEU.

Eh! parbleu! son frère!... ça coule de source.

LÉON.

Comment! vous que l'on croyait en Amérique...

SAULIEU.

D'où j'arrive, et bien à propos, à ce qu'il paraît, pour la morale!... Ce n'est pas pour ça que je venais, mais c'est égal, ça se trouve bien!

LÉON.

Ah! monsieur, surtout, n'allez pas penser...

* Léon, Saulieu.

SAULIEU.

Laissez-moi donc tranquille, avec votre air de n'y pas toucher!

Air : Je n'ai pas vu ces bouquets de lauriers.

Lucas, farceur et fou fambocheur,
J'ai rondement, je crois, mené la vie,
Mais j'ai senti se soulever mon cœur
Quand on poussait trop loin la raillerie.
Non, de l'honneur
D'un frère ou d'une sœur,
Je ne veux pas, morbleu! que l'on se joue!
Car j'ai pu prendre, bien garçon,
Un peu d' poussière au sein de touchatou...
Jamais de tache dans la boue.

J'ai du cœur, voyez-vous, et je ne permettrai pas que, dans ma famille, il se passe des choses qui ne soient pas catholiques... Ma sœur!... ah! Dieu!... ma sœur!... et puis son bonnête homme de mari, qui donne dedans!... car, règle générale, il est convenu que les maris donnent toujours dedans!... Jobards, allez!...

LÉON.

Mais non!... votre sœur n'a rien à se reprocher... rien, monsieur!

SAULIEU.

Votre parole?

LÉON.

Je vous le jure!

SAULIEU.

Bah! les amoureux jurent toujours que non, et si fait!

LÉON.

Elle vous dira tout; cette ruse, que M. Giraud a ignorée, et à laquelle il ne croirait plus...

SAULIEU.

Parbleu!... c'est tout au plus ce que je pourrais faire, moi!... Ainsi, bien sûr... ma sœur...

LÉON.

Elle est digne de vous!

SAULIEU.

Ce n'est pas là ce que je vous demande... vous me jurez que son bonheur...

LÉON.

Est resté pur!

SAULIEU.

Et le mari? (*Mouvement de Léon qui signifie que son honneur est intact. A part.*) Pauvre cher homme!... est-il heureux d'être tombé sur cet innocent-là!... Si c'eût été un mauvais sujet comme... Enfin, il y a un Dieu pour les toiles peintes!

SCÈNE XII.

LES MÊMES, Mme GIRAUD.

Mme GIRAUD.

Mon mari... il n'y est pas... je puis venir!...

SAULIEU.

Eh! mais, cette dame?...

Léon, Mme Giraud, Saulieu.

LÉON.

C'est elle!

SAULIEU.

Ma sœur?

Mme GIRAUD, *courant dans ses bras.*

Mon frère!

LÉON, *allant au fond.*

Dieu! s'il allait rentrer!

SAULIEU.

Ma pauvre sœur!... Mais que je te voie donc!... il y a douze ans que je ne t'ai embrassée... sapristi!... que tu es gentille!

Mme GIRAUD.

Mon frère!... enfin, j'ai un appui, un protecteur!

SAULIEU.

Allons, pas de bêtises... voilà que je pleure!... Pauvre petite!

Mme GIRAUD.

Ah! pourquoi faut-il que ce plaisir soit mêlé de crainte et d'inquiétude!

SAULIEU.

Oui, oui, je sais...

Mme GIRAUD.

Mais, mon mari!

LÉON, *revenant.*

Il ne sait rien!

Mme GIRAUD.

Quoi! monsieur, vous encore ici!... vous voulez donc me perdre?

SAULIEU, *l'imitant.*

Vous voulez donc... Dieu! que c'est bête le sentiment!

(*Il remonte au fond.*)

LÉON.

Je vous ai écrit... j'attends vos ordres... et je reviens pour vous sauver, s'il le faut, au péril de mes jours!

Mme GIRAUD.

Que prétendez-vous faire?

LÉON.

Eh! le sais-je?

SAULIEU, *redescendant.*

Air de Teniers.

Allons, allons, pour calmer la tempête,
Du sang-froid!... avec ça arriver tous...
M'rchâl! ne perdez pas la tête,
S'il le faut, j'en ferai pour vous,
Et ce sera drôle, entre nous!...
Mais, avant tout, je dois le dire,
De trébucher un peu, je crois,
S'il faut qu'à je vous conduise, moi,
Qui n'ai jamais su me conduire.

Voyons, il faut tenir conseil.

LÉON.

Oui, oui, délibérons!

Mme GIRAUD.

Que M. Léon parte!... qu'il s'éloigne! il le faut!

Léon, Saulieu, Mme Giraud.

SAULIEU.

C'est vrai!

LÉON.

Moi, qui passe pour votre frère!... disparaître ainsi, tout-à-coup, sans motifs, ce serait donner des soupçons!

SAULIEU.

C'est juste!

Mᵐᵉ GIRAUD.

Je dirai tout à mon mari!

SAULIEU.

Ma foi, oui, disons tout!

LÉON.

Mais comprenez-vous le danger?... après l'avoir trompé... c'est lui mettre les armes à la main!

Mᵐᵉ GIRAUD.

Grand Dieu!

SAULIEU.

Il a raison!... ces maris... ça se bat très-bien; témoin l'autre là-bas, que j'ai...

Mᵐᵉ GIRAUD.

Qui donc?

SAULIEU.

Oh! rien!... retenons... je ne vois qu'un moyen d'en sortir : il veut renvoyer son beau-frère en Amérique; c'est pour ça qu'il nous a laissés ensemble.

Mᵐᵉ GIRAUD.

Toi!... déjà!... mon frère!...

SAULIEU.

Ma pauvre petite sœur! ce n'est pas ton avis... c'est bien à toi!... mais il n'a pas tout-à-fait tort!... (A Léon.) Eh bien, mon brave, si nous y allions tous les deux?

LÉON.

En Amérique? Monsieur, y pensez-vous?

SAULIEU.

Tiens! pour sauver une femme que vous aimez... Je viens bien en Europe pour une... (Se reprenant, à part.) Aïe! qu'est-ce que j'allais dire!... (Haut.) Moi, voyez-vous, pour ma sœur, j'irais au diable s'il voulait de moi!

LÉON.

Je pourrais disparaître... sans aller en Amérique!

SAULIEU.

C'est encore une idée!

Mᵐᵉ GIRAUD.

Mais toi, repartir ainsi!

SAULIEU.

Dam! s'il le faut! mais il me le paiera, le fabricant!... je ne m'embarque pas comme ça sans biscuit!... Ainsi donc nous continuons... Mais puisque vous prenez ma place, attention!... D'abord, mon cher, pour lui faire avaler la chose, un peu plus d'aplomb... le ton plus dégagé... Que diable! avec vos airs sucrés, ce n'est pas le tout de dire : Je suis monsieur un tel, un mauvais sujet... il faut encore en avoir la tournure... Voyons! le chapeau sur l'oreille, la main au gousset, le cigarre à la bouche et moi, votre rôle, les yeux baissés, la bouche en cœur... sainte Nitouche!

Mᵐᵉ GIRAUD, qui est remontée.

Mon mari!... il revient!

SAULIEU.

Attention, et du calme!

Mᵐᵉ GIRAUD.

O ciel! comme il paraît agité!... Ah! mon frère!...

Elle va s'asseoir.

SAULIEU, le poussant auprès de Léon.

Eh! non, tu te trompes! c'est l'autre!

Giraud paraît.

LÉON.

Chut!

SCÈNE XIII.

Les Mêmes, GIRAUD [***].

GIRAUD.

Ah! ah! vous voilà tous réunis, j'en suis bien aise!

Mᵐᵉ GIRAUD.

Monsieur...

SAULIEU, à part.

Il n'a pas l'air commode du tout!

GIRAUD, à Léon, qui se campe en tapageur [***].

Eh bien, monsieur... Ah! je vous reconnais mieux comme ça!

SAULIEU, bas à Léon.

Vous voyez bien!

LÉON, avec assurance.

Monsieur, je ne comprends pas...

GIRAUD.

Vous ne comprenez pas que je suis au fait?

LÉON, troublé, à part.

O ciel!

Mᵐᵉ GIRAUD.

Vous êtes au fait!

SAULIEU.

Aïe!

LÉON.

De quoi?

GIRAUD, allant à Léon [***].

Votre victime... cette femme dont vous avez fait le malheur et la honte...

Mᵐᵉ GIRAUD.

Grand Dieu!

SAULIEU.

Que dit-il?

LÉON.

Cette femme, monsieur?

GIRAUD.

Vous l'avez amenée ici, à Dieppe, avec vous... elle est à l'hôtel de Londres!

SAULIEU.

Ah! oui. (Riant, à part.) J'y suis... la mienne!

[*] Saulieu, Léon, Mᵐᵉ Giraud.
[**] Saulieu, Léon, Mᵐᵉ Giraud, Giraud.
[***] Saulieu, Léon, Giraud, Mᵐᵉ Giraud.

LÉON, *à part.*

Je comprends!

Mme GIRAUD.

Je respire!

GIRAUD.

Eh! mon Dieu, il ne faut pas prendre l'air d'un saint d'église : on dirait, à vous voir, que vous êtes d'une innocence à n'y pas toucher!

SAULIEU, *à part, à Léon.*

Ferme donc!

LÉON, *se remettant.*

Moi! ah bien, oui! vous y êtes bien!... (*à part.*) Je ne sais que lui dire!...

SAULIEU, *vivement.*

C'est ce que je lui répétais quand vous êtes entré!... Que diable, mon cher, soyez mauvais sujet, si c'est votre calibre; ça n'empêche pas d'être bon enfant... mais hypocrite, jamais! votre beau-frère n'est pas beau; mais il est bon, il pardonnera.

GIRAUD.

Du tout! du tout! Comme vous y allez, vous!... Je n'ai pas dit ça!... il vient d'arriver dans cette ville quelqu'un qui n'est pas de cet avis, et qui cherche à vous rencontrer.

LÉON.

A me rencontrer!... Quelque camarade de plaisir, sans doute; un farceur!...

SAULIEU, *à part.*

Farceur, bien!... il marche! il marche!

GIRAUD.

Farceur, jusqu'à un certain point... c'est le porteur de votre lettre de change, qui a jugement contre vous...

SAULIEU, *à part.*

Encore la mienne!

GIRAUD.

Et qui pourrait bien vous faire mettre dedans!

LÉON.

Où ça, dedans?

Mme GIRAUD.

Mon frère!

SAULIEU, *à Léon, à part.*

Ferme donc!... Que diable! quand on a déjà été arrêté trois ou quatre fois!...

GIRAUD.

Il y a un moyen de sortir d'embarras.

SAULIEU.

Ah! voyons, voyons le moyen... je serais curieux de le connaître.

LÉON.

Et moi aussi!

GIRAUD, *à sa femme.*

Eh! mais, ma chère amie, qu'as-tu donc? cette émotion...

SAULIEU, *à part.*

Voilà l'autre côté qui faiblit!

Mme GIRAUD.

Pardon! c'est que je suis si troublée par la position de mon frère, la vôtre... il m'en coûte, oh! beaucoup, de ne pouvoir la faire cesser, je ne me sens pas bien, je vous laisse parler de cette affaire, et la terminer, oh! oui, la terminer, il le faut à tout prix!... Mon frère, monsieur... (*Elle les regarde avec émotion, s'arrête et dit avec effort.*) Adieu!

Elle sort.

GIRAUD, *à part.*

C'est singulier!

SCÈNE XIV.

GIRAUD, LÉON, SAULIEU [*].

SAULIEU, *d'un air dégagé.*

Eh bien, nous disons donc que ce moyen?...

LÉON, *l'imitant.*

Oui, ce moyen, parbleu!

SAULIEU, *riant, à part.*

Oh! il croit jurer!

GIRAUD.

Vous voyez que vous n'êtes venu ici que pour nous bouleverser tous!

LÉON, *intimidé.*

En effet, monsieur, pour que tout cela ne fût pas arrivé, je donnerais...

GIRAUD.

Vous ne donneriez rien du tout!

LÉON.

Mais, si fait!

GIRAUD.

Mais non!

LÉON.

Eh! morbleu, monsieur!

SAULIEU, *se plaçant entre eux [**].*

Allons, allons, du calme!... que diable! entre beaux-frères!... (*à part.*) C'est moi qui vais faire l'homme raisonnable!... c'est amusant! ça me changera. (*Haut, à Léon.*) La toile peinte a raison... (*montrant de Giraud*) le fabricant! Vous ne donneriez rien, parce que vous n'avez rien, rien du tout! Ah! connu, connu, mon cher!... (*Bas à Giraud.*) Il est dans la débine la plus complète!

LÉON, *à part.*

Qu'est-ce qu'il dit là?

GIRAUD.

Je le sais bien... et puis une créature sur les bras... Qu'est-ce qui dirait ça avec cet air?

SAULIEU, *bas, le poussant.*

Allez donc!

LÉON.

Quoi! qu'est-ce qu'il y a?

GIRAUD.

Il y a, sacrebleu! que, pour réparer tout cela, vous pouvez nous faire un plaisir...

LÉON.

Et lequel?

GIRAUD.

C'est de filer vers le Havre et de vous y rembarquer!

[*] Saulieu, Giraud, Léon.

[**] Giraud, Saulieu, Léon.

LÉON.

De me rembarquer!

SAULIEU.

Eh! oui, c'est cela. (Bas à Léon.) Prenez donc garde! (Haut.) Je lui ai dit vos intentions à cet égard... que vous désiriez le renvoyer en Amérique... il fait des difficultés...

LÉON.

Certainement!

GIRAUD.

Et lesquelles, s'il vous plaît?

LÉON.

Oh! lesquelles, lesquelles!... (Bas à Saulieu.) Oui, lesquelles?

SAULIEU.

Ah! voilà!... il parle de son voyage, de ses folies... car il a fait des folies, qu'il faut payer... et, vous concevez, il veut de l'argent!

GIRAUD.

De l'argent!

LÉON, s'oubliant.

Ah! permettez, monsieur!...

SAULIEU, bas.

Laissez faire, je tire une carotte au beau-frère.

LÉON, bas.

Mais, je ne veux pas...

SAULIEU, bas.

Chut! donc, ça me regarde.

GIRAUD.

De l'argent!... je m'y attendais!

SAULIEU, bas à Léon.

Vous voyez, c'est tout naturel, il s'y attendait.

GIRAUD.

Et je ne lui dois rien, moi!

SAULIEU.

Oui, voilà!... c'est ce que je lui disais à l'instant même... parce qu'on a un beau-frère qui fabrique des toiles peintes, qui file un excellent coton, et qui roule sur le calicot et les billets de banque...

GIRAUD.

Qu'est-ce que vous dites donc?

SAULIEU.

Qui mène un train de sultan Mamouth.

GIRAUD.

Mais, non; je ne suis pas Mamouth du tout!

SAULIEU.

On s'imagine qu'on peut le rançonner, le plumer comme un... allons donc!...

GIRAUD.

Je tiendrai bon, aspristi!

LÉON.

Eh! peu m'importe!

SAULIEU, poussant Léon.

Mauvaise tête!... il ne veut pas partir! Voyez-vous!... il aime mieux se faire arrêter, compromettre votre crédit, votre réputation de négociant!

GIRAUD.

Je m'en moque!

SAULIEU, allant à Giraud.

Oh! si fait... c'est désagréable, ça nuit toujours!... Et puis, les larmes de sa sœur... les femmes, ça pleure ferme, je m'y connais : « Mon frère! oh! mon Dieu!... arrête!... j'en mourrai!... Oh! mon petit mari, mon petit chat, pale! pale!... » Et elle se pâme, et vous serez obligé de payer le double de ce qu'il vous demande... le double, qu'est-ce que je dis!... il a semé de lettres de change le chemin de la vie... il doit le diable! j'en suis sûr... Et puis, les frais... Ah! c'est mal! c'est d'un mauvais cœur!... (Bas à Léon.) Mais parlez donc, dites donc quelque chose!

LÉON.

Eh! monsieur!... (Bas.) Mais, je n'ai pas besoin d'argent, moi!

SAULIEU, bas.

Possible!... mais j'en ai besoin, moi!

GIRAUD.

Quoi!... il dit?

SAULIEU, revenant à Giraud.

Ah! ceci est différent!... il dit que vous aurez des sûretés, une hypothèque, sa part dans la succession d'Amérique, qu'on liquide pour le quart d'heure... Ah! c'est honnête!...

LÉON, à part.

A la bonne heure, c'est moins humiliant!

GIRAUD.

Je ne dis pas... mais, en attendant, s'il croit me forcer par du scandale.

SAULIEU.

Oui, parce qu'il sait que vous êtes un brave homme, il veut en abuser!... Les fabricans ont le cœur si bien placé, cette année!... le calicot va bien, hein?

GIRAUD.

Mais, au contraire, et sans mes toiles peintes...

SAULIEU.

C'est ça, les toiles peintes... il sait...

GIRAUD.

Il sait, il sait!... il devrait savoir qu'un négociant ne se tue pas le corps et l'âme pour être grugé par un... (Changeant de ton.) Ah çà, il repartirait tout de suite?

SAULIEU, à part.

Eh! allez donc!... (Haut.) Oui, oui... (A Léon.) Hein?... vous repartiriez tout de suite?

LÉON.

Sans doute, je repartirais... (A part.) Ce diable d'homme, il me fait dire ce qu'il veut!

GIRAUD.

Et qu'est-ce qu'il demande?... A quel prix met-il son départ?... C'est une pilule à avaler!

SAULIEU.

C'est ça, une pilule!... qui est-ce qui n'en avale pas?

GIRAUD.

Voyons la somme!

SAULIEU, à Léon.

Hein?... la somme?

LÉON, *à demi-voix, avec impatience.*

Est-ce que je sais!

SAULIER, *très-haut.*

Quinze mille francs!

LÉON, *bas.*

Miséricorde!

GIRAUD.

Quinze mille francs!

LÉON, *bas.*

Mais, c'est trop!

SAULIER, *plus haut.*

Bon! voilà qu'il veut vingt mille francs, à présent!

LÉON, *bas.*

Mais songez donc!

SAULIER, *criant.*

Ah! sans compter la lettre de change en circulation!

SCENE XV.

LES MÊMES, THÉRÈSE.

THÉRÈSE, *qui est entrée doucement et cache une lettre qu'elle tient à la main, à part.*

Il faut pourtant que je lui remette...

GIRAUD, *se fâchant.*

Eh! monsieur, c'est une infamie!

LÉON, *de même.*

Eh! monsieur, je ne dis pas le contraire!

SAULIER, *de même.*

C'est fort mal, ce que vous dites là!... on parle avec plus de respect à un honnête beau-frère... qu'on rançonne!

LÉON.

Hein? plaît-il?... (*A part.*) Il va me faire de la morale, à présent!

Thérèse cherche à se faire remarquer de Léon en montrant sa lettre.

GIRAUD, *la voyant, à part.*

Qu'a donc Thérèse?... Cet air mystérieux...

SAULIER.

Ainsi, c'est vingt mille francs!

LÉON, *apercevant Thérèse, à part.*

Thérèse!

GIRAUD.

Sans doute!... (*Apercevant la lettre; à part.*) Un billet! (*Haut.*) Dam! il faut voir.

Thérèse cache la lettre.

SAULIER, *à Léon.*

C'est juste, mon cher, il faut voir!

GIRAUD.

Si monsieur voulait me faire un état de ce qu'il demande... (*Montrant une porte à droite.*) Là, tenez...

SAULIER.

C'est juste... je vais causer avec lui... vous avez affaire, nous vous laissons... (*A Léon.*) Venez-vous?

* Giraud, Saulier, Léon, Thérèse au fond.

LÉON, *occupé du billet de Thérèse.*

Oui, oui...

SAULIER, *à part.*

A peine si j'ai vu ma sœur, je cours la retrouver.

GIRAUD, *arrêtant Léon qui se dirige vers Thérèse et lui montrant la porte à droite.*

Par là!... par là!...

SAULIER.

Eh! oui!... (*Bas à Léon, près de la porte.*) Voyez-vous!... il a digéré la chose très-bien, le Bédouin! (*A Giraud.*) C'est vingt mille francs.

GIRAUD, *les faisant entrer.*

Allez donc!

SCENE XVI.

GIRAUD, THÉRÈSE.

THÉRÈSE, *à part.*

Comment lui faire passer...

GIRAUD, *revenant vivement à Thérèse.*

A nous deux, maintenant!

THÉRÈSE.

Monsieur?...

GIRAUD.

La lettre que tu tenais là, tout-à-l'heure!

THÉRÈSE.

Quelle lettre, monsieur?... je ne comprends pas...

GIRAUD.

Tu ne comprends pas que cette lettre que tu cachais précipitamment, après l'avoir montrée, je l'ai vue?

THÉRÈSE.

Mais, je vous jure!...

GIRAUD.

Je te jure que tu vas me la remettre à l'instant!

THÉRÈSE.

Mais...

GIRAUD.

Mais je le veux, fichtre!

THÉRÈSE.

Ah! mon Dieu, monsieur, je vous en prie, ne vous mettez pas en colère!

GIRAUD.

Cette lettre!

THÉRÈSE.

Je ne saurais pas...

GIRAUD.

Cette lettre!

THÉRÈSE, *cherchant à la cacher.*

Certainement, si j'avais su... je n'aurais pas permis...

GIRAUD, *prenant la lettre vivement.*

Cette lettre donc!

THÉRÈSE.

Mais, je suis bien sûre que, malgré les apparences...

* Thérèse, Giraud.

GIRAUD, *qui a ouvert la lettre.*

De ma femme!

THÉRÈSE.

Madame n'a rien à se reprocher!... Oh! non!

GIRAUD, *lisant.*

« Monsieur Léon, partez à l'instant, je le veux...
» L'idée de tromper mon mari est affreuse pour
» moi. Dieu sait que je n'ai rien à me reprocher!
» plus tard, il pardonnera peut-être!... mais d'a-
» bord, éloignez-vous! HORTENSE. »

THÉRÈSE.

Là, vous voyez bien!

GIRAUD.

Ma femme!... je comprends maintenant l'air
d'embarras de cet homme, qui s'est trouvé là, tout
à point, comme par hasard... cet étranger qu'elle
regardait en tremblant!... L'infâme!... oh! j'y
suis!...

SCENE XVII.

LES MÊMES, LÉON.

LÉON, *une note à la main.*

Allons, puisqu'il le veut absolument, voici la
note.

GIRAUD, *l'apercevant et allant à lui.*

Monsieur...

THÉRÈSE, *effrayée, se jetant entre eux.*

Ah!

GIRAUD, *froidement à Thérèse.*

Eh bien! qu'est-ce?... qu'as-tu, avec ton : ah!
(*A Léon.*) J'aurai besoin de vous, votre sœur
aussi, peut-être... en ce moment, je ne vous presse
plus de partir... cet homme, qui était avec vous,
ce prétendu ami de la famille! où est-il?

LÉON.

Mais, monsieur, ce ton...

GIRAUD.

Mais vous me faites bouillir!... où est-il?

LÉON.

Je le crois passé chez M⁰ Giraud.

GIRAUD.

Chez ma femme!...

THÉRÈSE.

Ah! monsieur!

LÉON.

Qu'est-ce donc?

GIRAUD.

Restez ici! restez! et attendez-moi!

Il sort précipitamment par le grand...

SCENE XVIII.

LÉON, THÉRÈSE, ensuite M⁰ GIRAUD.

THÉRÈSE.

C'est juste, il vous prend toujours pour l'autre.

* Giraud, Léon, Thérèse au plus
** Thérèse, Léon

LÉON.

Heureusement... Mais cette lettre que tu me
montrais tout-à-l'heure?

THÉRÈSE.

La lettre de madame...

LÉON.

De ta maîtresse!... pour moi!... donne.

THÉRÈSE.

Mais, puisque monsieur l'a prise!

LÉON.

Cette lettre!

THÉRÈSE.

Il l'a lue!

LÉON.

Grand Dieu!

THÉRÈSE.

C'est pour cela qu'en vous apercevant j'ai cru
qu'il allait vous tuer... Oh! madame!

M⁰ GIRAUD, *entrant.*

Qu'est-ce donc? (*Apercevant Léon.*) Ah! monsieur, vous encore!

LÉON.

De grâce, madame...

M⁰ GIRAUD.

Mon mari est entré furieux chez moi! Après
m'avoir ordonné de sortir, d'un ton qui m'a fait
trembler, il s'est renfermé avec mon frère, qui
était là!

THÉRÈSE.

M. Saulieu!

LÉON.

Qu'il prend toujours pour moi!

M⁰ GIRAUD.

Mais encore, à quoi bon?... qu'est-il arrivé?

LÉON.

C'est que vous ne savez pas... cette lettre...

THÉRÈSE.

Que vous m'aviez remise...

LÉON.

Pour moi...

M⁰ GIRAUD.

Eh bien?

LÉON.

Elle est tombée entre les mains de votre mari!

M⁰ GIRAUD.

Ciel!... mais alors il sait tout! je suis perdue!

LÉON.

Ah! calmez-vous, de grâce!... qui sait!... votre
frère trouvera peut-être un moyen...

M⁰ GIRAUD.

Et lequel?

THÉRÈSE, *venant au fond.*

Oh! on se dispute vivement!... j'entends la
voix de monsieur!

LÉON.

C'est à moi de reprendre ma place, j'y cours!

M⁰ GIRAUD.

Ah! monsieur!

Léon sort par la gauche, Thérèse sort par le même côté.

* Thérèse, M⁰ Giraud, Léon

SCENE XIX.

LES MÊMES, SAULIEU.

SAULIEU, *entrant vivement; à la cantonade.*
C'est bien! c'est bien!... à vos ordres!

LÉON.
Ah! monsieur?...

SAULIEU.
Eh bien! c'est gentil!... il ne manquait plus que ça!

Mme GIRAUD.
Mon mari?

LÉON.
M. Giraud...?

SAULIEU.
Il veut m'envoyer une balle dans la tête, le filateur, et pas une balle de coton, fichtre!

Mme GIRAUD.
Que dis-tu?

SAULIEU, *à demi-voix.*
Silence! ça se complique!.. Je ne sais quelle satanée lettre l'a mis hors de lui... Je suis l'amant de sa femme, à présent!... j'ai beau protester, jurer... ah! bien oui!... j'en veux à son honneur, et avant de quitter Dieppe il veut faire un éclat... il veut me tuer!... moi, son beau-frère!... Caïn, va!...

Mme GIRAUD, *à demi-voix.*
Grand Dieu!

SAULIEU.
Laissez donc tranquille, il ne me tuera pas... je lui défends de me tuer!

LÉON.
Non, monsieur, non; c'est moi seul que cela regarde... J'irai le trouver!

Mme GIRAUD.
Un duel!... oh! je me jetterai à ses pieds.

SAULIEU.
Bon!... si nous tournons au sentiment, ça va se gâter!... Pas de drame, je vous en prie; c'est embêtant: vous allez vous exposer à un malheur... ou vous serez tué, ce qui serait fichument désagréable pour vous... ou vous tuerez, ce que je ne veux pas, corbleu!

Mme GIRAUD.
Non, non, c'est moi qui vais...

SAULIEU, *l'arrêtant.*
Quoi faire!... compromettre ton bonheur, le repos de ton ménage... quelle bêtise!

LÉON.
Eh bien! donc!... c'est moi qu'il croit votre frère, votre ami... c'est moi qui lui parlerai!

SAULIEU.
C'est ça... voilà un moyen, nom d'un... Pardon, petite sœur!...

THÉRÈSE, *entrant vivement et en passant derrière les personnages de la scène; d'une voix étouffée.*
Voilà, monsieur!

* Mme Giraud, Saulieu, Léon.

LÉON.
Laissez-nous! laissez-nous!

Mme GIRAUD.
Vous laisser ensemble en ce moment!...

LÉON.
Ah! ne craignez rien!

SAULIEU, *montrant la porte à droite.*
D'ailleurs je serai ici... dans ce cabinet.

Mme GIRAUD.
Monsieur Léon, mon honneur, ma vie sont en vos mains!

Elle sort par la petite porte du fond avec Thérèse.

LÉON, *à Saulieu.*
Et vous!...

SAULIEU.
Suffit! (*Il entre dans le cabinet.*) Soyons mauvais sujet!...

SCENE XX.

GIRAUD, LÉON, SAULIEU.

GIRAUD, *entrant par la gauche, une boîte de pistolets à la main.*
Ah! monsieur Saulieu, vous êtes seul...

Il pose la boîte de pistolets sur une chaise à gauche.

LÉON, *d'un air assuré.*
Mais, oui, monsieur Giraud... je vous attendais.

GIRAUD.
Vous m'attendiez?... Je croyais trouver ici une autre personne.

LÉON.
Je le sais... et, au besoin, cette boîte de pistolets me l'aurait appris.

GIRAUD.
Quoi donc? que savez-vous?

LÉON.
Eh! mais que, sur une lettre assez insignifiante, votre tête s'est montée tout-à-coup, et que vous cherchez M. de Jorsy pour lui demander raison d'une injure, qu'il ne vous a pas faite.

GIRAUD.
Qu'en savez-vous, morbleu!

LÉON.
J'en suis sûr, morbleu!

SAULIEU, *à la porte du cabinet.*
Bon, ferme!

GIRAUD.
Je n'en crois rien!

LÉON.
Ça n'a pas le sens commun!

GIRAUD.
Plaît-il?

LÉON.
Eh! je suis votre beau-frère, j'ai le droit de parler, je parlerai!

* Giraud, Léon, Saulieu.

GIRAUD.
Pour me faire une leçon, peut-être? ce serait drôle!

LÉON.
Drôle ou non, c'est comme ça!

SAULIEU, de même.
Il va, il va, le petit!

LÉON.
Un fou peut donner un bon conseil une fois par hasard, ça ne tire pas à conséquence.

GIRAUD.
Allons donc! avec vos conseils!

LÉON.
Oh! parce que je suis un bon enfant, parce que j'ai fait des dettes et que j'ai mangé... le diable!... mais, voyez-vous, il y a quelque chose là... et quand il s'agit du repos, de l'honneur d'une personne qui nous est si chère à tous... de ma sœur, qu'un éclat scandaleux...

GIRAUD.
Eh! il ne s'agit pas de votre sœur... mais de cet homme, qui s'est introduit chez moi pour la séduire, pour me déshonorer!

LÉON.
Cela n'est pas vrai!

GIRAUD.
Monsieur!...

LÉON.
Eh! je suis votre beau-frère, j'ai le droit de parler ainsi!

SAULIEU, de même.
Ça chauffe! ça chauffe!

GIRAUD.
Je vois qu'il vous a chargé de prendre sa défense.

LÉON.
Eh! non!... Ce qu'il craint, c'est un scandale inutile... et j'ai le droit de vous demander, dans l'intérêt de ma sœur, dans la vôtre... (changeant de ton) ou plutôt... pardon! j'ai tort de vous parler ainsi à vous, qui êtes un brave et honnête homme, mais qui aimez votre femme... car vous l'aimez, et vous faites bien, elle vous rend ça, voyez-vous?

SAULIEU, de même.
Oh! quelle couleur!

GIRAUD.
Mais ce jeune homme, cette lettre, tenez!... (Lisant.) « L'idée de tromper mon mari est affreuse pour moi! » Elle me trompait donc?

LÉON, qui a suivi des yeux.
Attendez!... (Continuant.) « Dieu sait que je n'ai rien à me reprocher! » Ça y est!

GIRAUD.
Oui, je le sais, mais...

LÉON.
Mais est-ce sa faute si on l'aime?... Pour qu'elle se défende!

SAULIEU, de même.
Qu'est-ce qu'on peut demander de plus à une femme?

GIRAUD.
A la bonne heure; mais...

LÉON.
Mais, puisqu'elle le chasse! soyez donc un brave homme tout-à-fait, morbleu!... la confiance perdue ne se retrouve plus!... éloignez cette affaire-là sans bruit, entre nous... il faut que votre femme ne sache pas même que vous l'avez soupçonnée!

GIRAUD, ému.
Je ne dis pas!...

SAULIEU, de même.
Enfoncé le toile peinte!

LÉON, lui prenant affectueusement la main.

Air d'Aristippe.

Allons, frère, un peu de courage!
Soyez généreux, confiant;
À vous sera tout l'avantage,
Puisque l'autre part à l'instant!

GIRAUD.
Comment, il part !... et dans l'instant!

LÉON.
Eh! oui, quoique tendre et sincère,
Sans espoir il quitte ces lieux,
Et vous restez!... Vous soyez, frère,
Que vous êtes le plus heureux!

GIRAUD.
Vous en êtes bien sûr? il part! Vous l'emmenez en Amérique?

LÉON.
Et vous ne le reverrez jamais!

GIRAUD.
Jamais?

LÉON.
Je vous le jure!

SCÈNE XXI.

LES MÊMES, SAULIEU, Mme GIRAUD*.

SAULIEU, se montrant.
Et moi, j'en réponds!

GIRAUD, avec colère.
C'est vous, monsieur!

LÉON.
Ah! vous avez promis!...

Mme GIRAUD, entrant vivement.
Ce bruit! ces cris!... Qu'est-ce donc?

SAULIEU.
Rien, rien, madame... C'est monsieur, à ce qu'il paraît, qui avait une petite discussion avec son beau-frère... Il veut absolument qu'il parte, et c'est moi qui l'emmène.

GIRAUD.
Et tout de suite encore!

SAULIEU.
Oui, vraiment, je l'ai promis, et je n'ai qu'une parole: il partira!

GIRAUD, à demi-voix.
Oh! je ne sais ce qui me retient!...

* Mme Giraud, Giraud, Léon, Saulieu.

LÉON, *lui saisissant la main.*

Mais, du moins, ce qui adoucit mes regrets, c'est que, malgré le ton un peu vif, un peu brusque, qu'il a pris avec moi, mon beau-frère est un honnête homme, qui, par sa confiance, son amour, mérite que sa femme le rende heureux!

Mme GIRAUD, *serrant la main à son mari.*

Oh! oui, toujours!

GIRAUD, *serrant la main à Léon, bas.*

Bien! très-bien!

SAULIEU.

Bien! parfaitement bien!... d'autant mieux que le fabricant, le filateur, le... n'importe! ne paraît pas disposé à escompter votre part de succession.

GIRAUD, *tirant un portefeuille de sa poche et l'ouvrant.*

C'est ce qui vous trompe. (*A Léon.*) Monsieur Saulieu, voici une lettre pour mon correspondant du Havre: vous toucherez chez lui la somme que vous avez exigée.

LÉON.

Monsieur... (*Bas à Saulieu.*) Je ne puis l'accepter... je ne la prendrai pas!

SAULIEU.

Prenez donc!

GIRAUD, *lui offrant la lettre.*

La voici.

SAULIEU, *la prenant vivement.*

Je la prends! (*Mouvement de Giraud.*) Il l'aura en s'embarquant.

Il met la lettre dans sa poche.

LÉON, *à Giraud.*

Laissez... j'aime mieux cela, pour des raisons de sûreté.

GIRAUD.

Et maintenant, mon ami, faites vos adieux à votre sœur... (*bas*) et débarrassez-nous de cet homme-là, ou je ne réponds pas!...

LÉON.

Adieu!... on veut que je m'éloigne!... j'obéis!

GIRAUD, *prenant sa femme par la main et la faisant passer près de Léon.*

Eh! embrassez-la donc, et que ça finisse!

SAULIEU, *à part.*

Bon! ces diables de maris n'en manquent pas une!

THÉRÈSE, *entrant, à la cantonnade.*

C'est bien! c'est bien!

GIRAUD, *se retournant du côté de Thérèse.*

Qu'est-ce qu'il y a encore, Thérèse?

Pendant ce temps, Saulieu repousse Léon, qui s'approchait de Mme Giraud, et il embrasse vivement sa sœur, qui reprend sa première place.

SCÈNE XXII.

LES MÊMES, THÉRÈSE.

THÉRÈSE, *au fond à gauche.*

Monsieur, il y a là, dans le salon, une personne qui demande M. Saulieu pour une lettre de change.

GIRAUD.

Faites entrer!

LÉON, *à part.*

Ciel!

SAULIEU, *à part, à Léon.*

On va me reconnaître!

Mme GIRAUD.

Je suis perdue!

LÉON, *vivement.*

Merci! ne faites pas entrer! Vous concevez, un créancier, on ne se soucie pas...

SAULIEU.

Avec ça que ce n'est pas nous qui payons, c'est le toile peinte.

ENSEMBLE.

Air: Valse de Strauss.

SAULIEU et LÉON.

Adieu, je pars!

THÉRÈSE et GIRAUD.

Enfin il part!

Mme GIRAUD.

Hélas! il part!

SAULIEU et LÉON.

Plus de retard!

THÉRÈSE, GIRAUD et Mme GIRAUD.

Plus de retard!

SAULIEU et LÉON.

Mais j'ai l'espoir

THÉRÈSE et GIRAUD.

Oui, j'ai l'espoir

Mme GIRAUD.

Non, plus d'espoir

SAULIEU et LÉON.

De vous revoir!

GIRAUD, *à Léon.*

De vous revoir!

THÉRÈSE et Mme GIRAUD.

De le revoir!

Mme Giraud, Giraud et Thérèse sont à gauche. Léon et Saulieu se sauvent vers le fond, par la droite. Mme Giraud regarde Léon et le regret Saulieu. Thérèse est stupéfaite. — Le rideau baisse.

FIN.

PARIS. — IMPRIMERIE DE Ve DONDEY-DUPRÉ, rue Saint-Louis, 46, au Marais.

Contraste insuffisant
NF Z 43-120-14

www.ingramcontent.com/pod-product-compliance
Lightning Source LLC
Chambersburg PA
CBHW070429080426
42450CB00030B/1834